BEI GRIN MACHT SICH IHR WISSEN BEZAHLT

Analyse des Börsengangs der Knorr-Bremse AG

Stefan Gundlach

Bibliografische Information der Deutschen Nationalbibliothek:

Die Deutsche Nationalbibliothek verzeichnet diese Publikation in der Deutschen Nationalbibliografie; detaillierte bibliografische Daten sind im Internet über http://dnb.d-nb.de abrufbar.

ISBN: 9783346658388
Dieses Buch ist auch als E-Book erhältlich.

FOM Hochschule für Oekonomie & Management

Hochschulzentrum Berlin

Berufsbegleitender Studiengang zum

Bachelor Business Administration

3. Semester

Hausarbeit im Modul Finanzierung & Investition

Analyse des Börsengangs der Knorr-Bremse AG

Autor: Stefan Gundlach

Abgabedatum: 28.02.2022

Inhaltsverzeichnis

Abbildungsverzeichnis

Tabellenverzeichnis

1 Einführung

1.1 Einleitung und Zielsetzung

In der heutigen Gesellschaft sind Aktien mitverantwortlich für permanent wachsende Anforderungen an das Management und die dadurch resultierenden Veränderungen im Wirtschaftsleben. Die Globalisierung, der technische Fortschritt und die Digitalisierung sind darüber hinaus weitere Treiber. Unternehmen wie Amazon, Apple, Google oder Tesla haben den Markt und den damit verbundenen Wettbewerb in den letzten Jahren sichtbar verändert.[1] Im Jahr 2018 gelang dem Konzern Knorr-Bremse, trotz eines drohenden Handelskrieg zwischen USA und China sowie steigenden Zinsen, ein solider Börsengang. Mit einem Emissionsvolumen von rund 4 Milliarden Euro sicherte sich der Konzern Knorr-Bremse den zweitgrößten Börsengang im Jahr 2018.[2] Welche Chancen und Risiken birgt der Börseneinstieg für ein Unternehmen? Wann ist der richtige Zeitpunkt, sein Unternehmen an die Börse zu bringen?

Ziel dieser Hausarbeit ist es, den Börsengang des international aufgestellten Bremsenherstellers Knorr-Bremse im Bereich der Unternehmenskennzahlen, der Motive, der Kursentwicklung sowie Investor Relations zu analysieren.

1.2 Aufbau der Hausarbeit

Nach dem einleitenden ersten Kapitel, folgt die terminologische Klärung eines Börsengangs im zweiten Kapitel. Zudem wird ein grundlegendes Verständnis des Themengebiets geschaffen. Dabei werden kurz einige Grundbegriffe erläutert. Eine detaillierte Auseinandersetzung aller Facetten eines Börsengangs wird aufgrund des Umfangs nicht vorgenommen. Ausgangspunkt des dritten Kapitels ist das Schaffen eines Überblicks des Eigentümer geführten international aufgestelltem Konzerns Knorr-Bremse. Im Nachfolgenden werden die Konzernzahlen der Jahre 2014 bis 2020 dargestellt und abschließend ausgewertet. Darauf aufbauend werden weitere wichtige Faktoren bezugnehmend auf den Verbleib an der Börse reflektiert. Abschließend folgt eine Zusammenfassung, eine kritische Reflexion sowie ein kurzer Ausblick.

---

[1] Vgl. *Jischa, M.*, Herausforderung Zukunft, 2013, S. 164 ff.
[2] Vgl. *IG Analyst*, Knorr-Bremse Börsengang, 2019, o. S.

2 Grundlagen

2.1 Börsengang

Der Begriff Börsengang bedeutet, dass sich ein Unternehmen erstmals entschließt Aktien öffentlich zum Kauf anzubieten. Synonyme sind unter anderem Going Public, Initial Public Offering (IPO) oder Börseneinführung.[3] Der Börsengang ist ein zeitintensiver sowie komplexer Prozess. Er teilt sich in eine Vorbereitungs-, eine Planungs- und eine Prozessphase ein. Neben der Grundsatzentscheidung zum Börsengang, müssen rechtliche wie auch organisatorische Voraussetzungen geschaffen werden.[4] Darüber hinaus muss ein Emissionskonzepts entwickelt, sowie die Vermarktung und Platzierung ausgearbeitet werden. Hierbei durchläuft ein Unternehmen mehrere Prüfungen, unter anderem eine Börsenreifeprüfung sowie eine Sorgfältigkeitsprüfung. Ziel der Prüfungen sind unter anderem steuerliche, finanzielle und rechtliche Aspekte der Unternehmen zu überprüfen.[5] Die Ausgabe wie auch der Handel der Aktien erfolgt in Aktienmärkten. Die Ausgabe selbst erfolgt nicht an der Börse, sondern am Primärmarkt zwischen Emittenten[6] und Investoren. Erst der spätere Handel erfolgt an der Börse über den Sekundärmarkt.[7] Sollte sich ein Unternehmen entschließen weitere Aktienausgaben zu tätigen wird dieser Vorgang nicht mehr als Börsengang sondern als Folgeemissionen bezeichnet.[8]

2.2 Preisfestsetzungsverfahren

Grundsätzlich existieren zur Fixierung des Ausgabepreises drei Verfahren: das Festpreisverfahren, das Bookbuilding-Verfahren und das Auktionsverfahren.[9] Die Verfahren unterscheiden sich hinsichtlich der Möglichkeit bei der Zuteilung der Aktien und auch hinsichtlich der Berücksichtigung vorherrschender Nachfrage am Markt.[10] Beim Festpreisverfahren wird der Emissionspreis[11] abhängig von der aktuellen Marktlage, der Unternehmensbewertung sowie ähnlicher börsennotierter Unternehmen zwischen Emittent und Emissionsbank fest vereinbart.

---

[3] Vgl. *Rummer, M.*, Going Public, 2006, S. 37 ff.
[4] Vgl. *Schuster, T., Uskova, M.*, Börsengang, 2015, S. 61 ff.
[5] Vgl. ebd.
[6] Unternehmen das Aktien herausgibt.
[7] Vgl. *Becker, H., Peppmeier, A.*, Börseneinführung, 2018, S. 178 ff.
[8] Vgl. ebd.
[9] Vgl. *Rummer, M.*, Going Public, 2006, S. 133 ff.
[10] Vgl. *Schuster, T., Uskova, M.*, Börsengang, 2015, S. 74 ff.
[11] Vom Emittenten erstmalig festgelegter, außerbörslicher Kaufpreis.

Interessierte Investoren[12] können innerhalb einer festgesetzten Zeitspanne ihre Angebote zum Kauf abgeben. Bei diesem Verfahren kommt es oft zu Über- oder Unterzeichnung des vorher festgelegten Preises.[13] Entgegen dem Festpreisverfahren, werden Investoren in der Preisfindung beim Bookbuilding-Verfahren direkt mit einbezogen. Das Bookbuilding-Verfahren teilt sich in vier Stufen ein. In der Pre-Marketing-Phase werden potenzielle Investoren über die kommende Emission informiert.[14] In der anschließenden Marketing-Phase spricht das Unternehmen gezielt Großinvestoren an, unter anderem mit Hilfe von Präsentationen. Während dieser zwei Phasen erhält das Unternehmen erstmalig unverbindliche Angebote zum Kauf, die im späteren Verlauf für den Emittenten zur Ermittlung der Preisspanne relevant sind.[15] Anschließend erfolgt die Order-Taking-Phase, bei dem Angebote entgegengenommen werden. Hiernach wird schließlich der endgültige Emissionspreis der Aktie ermittelt. In der abschließenden Zuteilungsphase werden die Aktien an die Investoren ausgegeben. Das Bookbuilding-Verfahren ist einer der gängigsten Methoden.[16] Das dritte Verfahren bildet das Auktionsverfahren. Im Gegensatz zu den anderen beiden Verfahren hat hier der Emittent keinen Einfluss auf die Investorenstruktur. Es wird zwischen der amerikanischen und der holländischen Methode unterschieden. Bei beiden Methoden haben Investoren die Möglichkeit ihre Zeichnungswünsche in Form einer Mengen-Preis-Kombination in einem festgelegten Zeitraum abzugeben.[17] Bei der erstgenannten Methode werden ausgehend vom höchsten Gebot solange Aktien zugeteilt bis das festgelegte Emissionsvolumen verteilt ist. Beim holländischen Verfahren hingegen wird ein Einheitskurs festgelegt und Gebote die darüber liegen werden solange zugeteilt bis das festgelegte Emissionsvolumen verteilt ist.[18]

---

[12] In der vorliegenden Hausarbeit wird aufgrund der besseren Lesbarkeit ausschließlich die männliche Form verwendet, die sich jedoch auf Personen beider Geschlechter bezieht.
[13] Vgl. *Rummer, M.*, Going Public, 2006, S. 133 ff.
[14] Vgl. *Schuster, T., Uskova, M.*, Börsengang, 2015, S. 61 ff.
[15] Vgl. ebd.
[16] Vgl. ebd.
[17] Vgl. *Rummer, M.*, Going Public, 2006, S. 133 ff.
[18] Vgl. ebd.

2.3 Börsenmarktstruktur

2.3.1 Marktstruktur

Unternehmen können sich zwischen zwei Zugängen zum Kapitalmarkt entscheiden (siehe Abbildung 1). Es gibt den von der EU-regulierten Markt und den von der Börse selbst regulierten Markt.[19] Für den EU-regulierten Markt müssen Unternehmen hohe EU-weite einheitliche Anforderungen erfüllen. Dieser Markt richtet sich vor allem an große und mittelgroße Unternehmen, die internationale Investoren ansprechen wollen.[20] Der börsenregulierte Markt ist ein privatrechtlicher Markt, der über die allgemeinen Geschäftsbedingungen der Deutschen Börse AG reguliert wird. Dieser Markt ist unter anderem für junge, wachstumsorientierte Unternehmen durch geringe Transparenz-anforderungen attraktiv.[21]

2.3.2 Marktsegmente

Im EU regulierten Markt kann das Unternehmen zwischen dem General Standard oder dem Prime Standard wählen, in dem das Unternehmen gelistet werden soll. Die Transparenzanforderungen sind in beiden Segmenten unterschiedlich hoch.[22] Der Prime Standard stellt das Segment mit den höchsten Anforderungen dar.[23] Das Unternehmen, das die Börsennotierung anstrebt, muss sich, abhängig von den Zielen und den Investoren die vorrangig adressiert werden sollen, für ein Maß an Transparenz entscheiden.[24] Im von der Börse selbst regulierten Markt kann das Unternehmen im Primärmarktsegment Scale gelistet werden. Der Scale bietet durch zugeschnittene und geringere Einbeziehungs-voraussetzungen und -folgepflichten einen guten Einstieg für kleine und mittlere Unternehmen (siehe Abbildung 2).[25]

---

[19] Vgl. *Hoppe, C.*, Börsenplätze, 2021, S. 561 ff.
[20] Vgl. *Grundmann, W., Rathner, R.*, Börsensegmente, 2021, S. 128 ff.
[21] Vgl. *Hoppe, C.*, Börsenplätze, 2021, S. 561 ff.
[22] Vgl. ebd.
[23] Vgl. *Grundmann, W., Rathner, R.*, Börsensegmente, 2021, S. 128 ff.
[24] Vgl. ebd.
[25] Vgl. *Hoppe, C.*, Börsenplätze, 2021, S. 561 ff.

Abbildung 1: Börsensegmente für Aktien

Quelle: *Deutsche Börse AG*, Fact Sheet Marktstruktur, 2019, o. S.

Abbildung 2: Zulassungs- bzw. Einbeziehungsvoraussetzungen und Folgepflichten

	Regulierter Markt		Börsenregulierter Markt
	General Standard	Prime Standard	Scale
Berichts- bzw. Unternehmenshistorie	Mindestens 3 Jahre		Mindestens 2 Jahre
Mindeststückzahl	Mindestens 10.000 Aktien		Keine Mindeststückzahl
Nennbetrag	Keine Beschränkung		Mindestens 1 €
Quartalsmitteilung	Nicht erforderlich	Erforderlich	Nicht erforderlich
Unternehmenskalender	Nicht erforderlich	Erforderlich	Erforderlich
Analysten- und Investorenveranstaltung	Nicht erforderlich	Mindestens einmal im Jahr	Mindestens einmal im Jahr
Jährliche Notierungsgrundgebühr	14.480,00 €	15.470,00 €	20.000,00 €

Quelle: In Anlehnung an *Deutsche Börse AG*, Fact Sheet Marktstruktur, 2019, o. S.

2.4 Eigenkapitalrentabilität

Die Eigenkapitalrentabilität ist eine zentrale Kennzahl für Kapitalnehmer und Kapitalgeber. Diese Kennzahl errechnet sich aus dem Verhältnis der Ergebnisgröße des Gewinns und der Bezugsgröße des Eigenkapitals. Durch das dadurch berechnete Ergebnis lässt sich unter anderem ableiten, ob die Eigenkapitalgeber eine hohe Verzinsung für das zur Verfügung gestellte Kapital erhalten könnten.[26] Die Berechnung und Bewertung der Eigenkapitalrentabilität der Knorr-Bremse erfolgt im dritten Kapitel.

2.5 Gesamtkapitalrentabilität

Die Gesamtkapitalrentabilität ist ebenfalls eine wichtige Kennzahl für Kapitalnehmer und Kapitalgeber. Diese Kennzahl wird aus dem Verhältnis der Ergebnisgröße des Gewinns plus Fremdkapitalzinsen und der Bezugsgröße des Gesamtkapitals errechnet. Im Gegensatz zur Eigenkapitalrentabilität lässt sich durch das berechnete Ergebnis unter anderem der Return-on-Investment ableiten.[27]

2.6 Leverage Effekt

Für finanzwirtschaftliche Entscheidungen ist besonders der Zusammenhang zwischen Eigenkapitalrentabilität, Gesamtkapitalrentabilität und dem Verschuldungsgrad wichtig. Der Leverage Effekt bringt sowohl Chancen als auch Risiken mit sich.[28] Der Begriff Leverage Effekt stammt vom Englischen und bedeutet Hebelkraft Effekt. Damit wird die Abhängigkeit der Eigenkapitalrentabilität vom Verschuldungsgrad des Unternehmens beschrieben. Ziel ist es, mit zunehmenden Verschuldungsgrad die Eigenkapitalrentabilität zu steigern. Dies funktioniert nur, solange die Gesamtkapitalrentabilität über dem Fremdkapitalzinssatz liegt.[29]

2.7 Tageslinie und Trendkanäle

Um einen Trend der Aktie sichtbar machen zu können, nutzt man Durchschnittslinien. Die 20-Tage-Linie (MA20) bzw. die 100-Tage-Linie (MA 100) (siehe Abbildung 6) dienen als mögliche Kauf- oder Verkaufsignale zum richtigen Zeitpunkt.

---

[26] Vgl. *Becker, H., Peppmeier, A.*, Börseneinführung, 2018, S. 9 ff.
[27] Vgl. ebd.
[28] Vgl. ebd.
[29] Vgl. *Schuster, T., Uskova, M.*, Börsengang, 2015, S. 175 ff.

Diese Linien glätten die Kursschwankungen von Aktien ab. Hierzu werden die Schlusskurse der letzten 20 bzw. 100 Tage addiert, um daraus anschließend einen Durchschnittswert zu errechnen.[30] Darüber hinaus können sich Aufwärts- bzw. Abwärtstrends auch über Trendkanäle ableiten lassen. Eine Analyse der Knorr-Bremse Aktien bezugnehmend auf Kauf- bzw. Verkaufssignale mittels MA20, MA100 und Trendkanälen wird im nachfolgenden Kapitel vorgenommen.[31]

3 Analyse der Knorr-Bremse

3.1 Überblick Konzern

Der Konzern Knorr-Bremse mit Firmenhauptsitz in München ist für Bremssysteme Weltmarktführer. Der Konzern agiert an über 100 Standorten, in mehr als 30 Ländern mit rund 29.000 Mitarbeitern. Darüber hinaus ist der Konzern ein führender Anbieter sicherheitskritischer Subsysteme für Nutz- und Schienenfahrzeuge. Knorr-Bremse bringt als Innovator Entwicklungen in Transport- und Mobilitätstechnologien voran.[32] Aktuell wird der Konzern Knorr-Bremse von externen Rating Agenturen Standard & Poor's mit „A"[33] und von Moody's mit „A2"[34] eingestuft.[35] Das Unternehmen verfügt über ein starkes, unternehmerisch handelndes und erfahrenes Management. Darüber hinaus sind technologische Exzellenz, Zuverlässigkeit, Leidenschaft und Verantwortung tief in der Unternehmenskultur verankert.[36] Der Konzern Knorr-Bremse wurde am 12. Oktober 2018 an der Börse mit dem Börsenkürzel KBX notiert. Insgesamt sind rund 48 Millionen Aktien zum Ausgabepreis von 80,00€ pro Aktie platziert und ausgeschöpft worden.[37] Die Stammaktien können über den Börsenplatz der Frankfurter Wertpapierbörse im regulierten Markt (Prime Standard) gehandelt werden. Die Aktie des Konzerns notierte erstmals im Index SDAX und stieg im weiteren Verlauf in die Indizes MDAX, Stoxx Europe 600 und DAX ESG 50 auf.[38]

---

[30] Vgl. *Schuster, T., Uskova, M.*, Börsengang, 2015, S. 56 ff.
[31] Vgl. ebd.
[32] Vgl. *Knorr-Bremse AG*, Start Frankfurter Wertpapierbörse, 2018, o. S.
[33] Vgl. *Cbonds*, S&P Rating A, 2021, o. S.
[34] Vgl. *Moody's Investors Service*, Moody's Rating A2, 2021, o. S.
[35] Rating-Codes dienen zur Bewertung der Bonität, A und A2 drücken gute bis befriedigende Bonität aus.
[36] Vgl. *Knorr-Bremse AG*, Unternehmenswerte, o. J., o. S.
[37] Vgl. *Knorr-Bremse AG*, Bookbuilding, 2018, o. S.
[38] Vgl. *Knorr-Bremse AG*, Aktienkursentwicklung, o. J., o. S.

3.2 Analyse Konzernzahlen

Der Börsengang in 2018 war, im Hinblick auf die Kennzahlen, der für den Konzern strategisch idealste Zeitpunkt. Der Auftragseingang, das Ergebnis nach Steuern und die Bilanzsumme sind gemäß der vorliegenden Kennzahlen des Konzerns seit 2014 stetig gestiegen (siehe Abbildung 3 und 4). Wird die Eigenkapitalrentabilität des Konzerns über die letzten Jahre betrachtet, liegt die berechnete Quote der Knorr-Bremse seit dem Jahr 2014 bis zum Börsengang bei über 30%. Ein Ausreißer dieser Quote ist vor dem Börsengang nicht zu identifizieren. Daraus ist zu schließen, dass der Konzern kurzfristig kein zusätzliches Fremdkapital aufgenommen hat, um den Leverage Effekt vor dem Börsengang auszunutzen. Die Eigenkapitalquote des Konzerns Knorr-Bremse ist äußerst positiv und schneidet im Vergleich zum direktem Wettbewerb in der Branche im Durchschnitt besser ab. Aufgrund des Börsengangs im Jahr 2018, gab es eine Umverteilung der Eigen-/ Fremdkapitalquoten (siehe Abbildung 5). Die Eigenkapitalquote nahm um rund 10% ab, wohingegen die Fremdkapitalquote im gleichen Zuge um rund 10% anstieg. Die daraus resultierende Umverteilung der Kapitalquoten sorgte dafür, dass die Eigenkapitalrentabilität im Jahr 2018 im Vergleich zu 2017 um rund 24% anstieg. Dem Jahresabschluss 2018 ist zu entnehmen, dass der Konzern keine direkten liquiden Zuflüsse aufgrund des Börsengangs erhalten hat. Dies lässt sich dadurch erklären, das alle Erlöse aus dem Verkauf der Aktien einzig dem verkaufenden Aktionär *Heinz Hermann Thiele* zugeflossen sind.[39]

Abbildung 3: Kennzahlen GuV der Jahre 2014 bis 2020

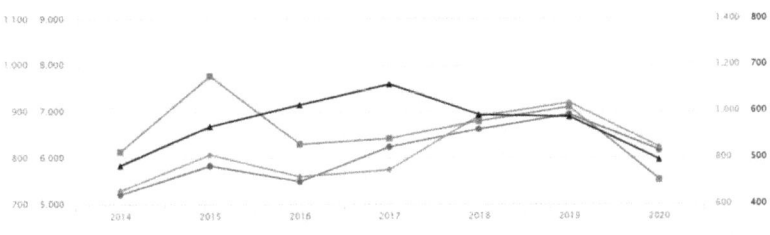

Quelle: Eigene Darstellung

---

[39] Vgl. *Knorr-Bremse AG*, Start Frankfurter Wertpapierbörse, 2018, o. S.

Abbildung 4: Ermittlung Eigenkapitalrentabilität der Jahre 2014 bis 2020

	Jahr 2014	Veränderung in Prozent	Jahr 2015	Veränderung in Prozent	Jahr 2016	Veränderung in Prozent	Jahr 2017	Veränderung in Prozent	Jahr 2018	Veränderung in Prozent	Jahr 2019	Veränderung in Prozent	Jahr 2020
Umsatz in Mio. Euro	5.206	12,01	5.831	-5,78	5.494	12,00	6.154	7,51	6.616	4,85	6.937	-11,24	6.157
Ergebnis nach Steuern in Mio. Euro	560	15,18	645	-14,73	550	6,76	587	7,19	629	0,41	632	-15,79	532
Mitarbeiteranzahl	23.916	1,50	24.275	1,19	24.565	12,78	27.705	2,70	28.452	1,59	28.905	2,80	29.714
Bilanzsumme in Mio. Euro	3.543	12,96	4.002	15,04	4.604	4,26	4.800	30,46	6.262	9,34	6.847	7,93	7.390
Eigenkapital in Mio. Euro	1.443	20,30	1.736	4,78	1.819	2,20	1.859	-13,55	1.607	18,32	1.902	1,06	1.922
Auftragseingang in Mio. Euro	5.510	2,87	5.668	0,97	5.723	16,32	6.657	5,17	7.001	0,92	7.066	-8,83	6.442
Eigenkapitalrentabilität in Prozent	38,81	-4,26	37,15	-18,62	30,24	4,47	31,59	23,99	39,16	-15,13	33,24	-16,68	27,69

Quelle: Eigene Darstellung

Abbildung 5: Kennzahlen Eigen-/Fremdkapitalquote der Jahre 2014 bis 2020

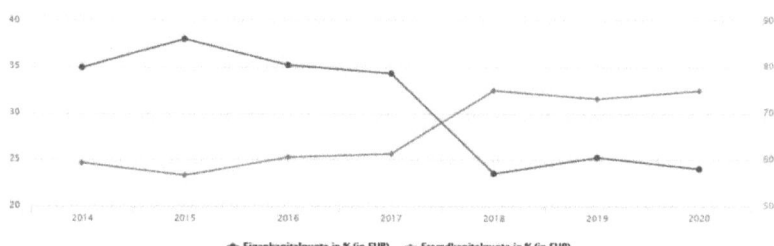

Quelle: Eigene Darstellung

3.3 Überblick Preisbildung der Aktien

Der Konzern Knorr-Bremse hat sich bei der Preisfindung der Aktien für das international etablierteste Verfahren, dem Bookbuilding-Verfahren, entschieden.[40] Knorr-Bremse stellte bereits im Herbst 2017 öffentlich einen möglichen Ausblick auf einen Börsengang. Anfang 2018, nach einem erfolgreichen Jahresabschluss 2017, wurden die Pläne des Konzern über diverse Pressemitteilungen konkreter. Hierdurch konnte der Konzern erstmalig unverbindliche Zeichnungsspannen mit Hilfe von Beratern ermitteln, die als Richtgröße für den späteren Emissionskurs der Aktie beigetragen haben.[41] Der Konzern sprach bis September 2018 gezielt Großinvestoren sowie Analysten mithilfe von Präsentationen und Veranstaltungen an. Die daraus resultierende Bookbuilding-Preisspanne wurde dadurch auf 72,00€ bis 87,00€ festgelegt.

---

[40] Vgl. *Knorr-Bremse AG*, Bookbuilding, 2018, o. S.
[41] Vgl. *Schuster, T., Uskova, M.*, Börsengang, 2015, S. 62 ff.

Im darauffolgenden Oktober 2018 wurden Investoren rund 48 Millionen Aktien, bestehend aus 35 Million Basisaktion, rund 8 Million zusätzlichen Basisaktion aus der vollen Ausübung der Aufstockungsoption sowie rund 5 Million Aktien im Rahmen der Mehrzuteilung zum Zeichnen, angeboten.[42]

3.4 Überblick Aktionärsstruktur

Der Konzern Knorr-Bremse ist nicht leicht zu durchblicken. Insbesondere aufgrund der Tatsache, dass *Heinz Hermann Thiele* als Unternehmer immer vielseitig unternehmerisch tätig war. Keine strategische Entscheidung wurde ohne ihn getroffen, das spiegelt sich auch in der Aktionärsstruktur des Konzerns wieder. Die aktuelle Aktionärsstruktur teilt sich auf 41% institutionelle und private Investoren sowie 59% auf die KB Holding auf.[43]

3.5 Analyse Motive Börsengang Knorr-Bremse

Wenn sich ein Unternehmen für einen Börsengang entscheidet, können hierfür einige Motive verantwortlich sein. In strategischer Hinsicht kommen bei einem Börsengang von Familienunternehmen unter anderem eine Nachfolgeregelung, der Verkauf von Beteiligungen oder die Steigerung des Bekanntheitsgrades in Betracht.[44] Durch den Börsengang der Knorr-Bremse gingen rund 30% der Mehrheitsbeteiligung von *Heinz Hermann Thiele* in Beteiligungen von Aktionären über. Dies führte zur weiteren Aufteilung von Führungs- und Kapitalgeberfunktionen sowie Übertragung von Verantwortungen. Hierdurch sicherte sich der Konzern weiteren Fortbestand und ihre Zukunftsfähigkeit.[45] Weiterhin führt ein Börsengang zur Steigerung des Bekanntheitsgrades eines Unternehmens. Medien berichten über Entwicklungen und Pläne des Unternehmens. Durch Nennung bekannter Investoren steigt die Aufmerksamkeit künftiger Investoren sowie das Interesse der Medien und das Marktstanding.[46] Durch die international tätige US-amerikanischen Investmentgesellschaft Black Rock, die mit rund 3% Beteiligung namentlich genannt wurde, konnte Knorr-Bremse das internationale Standing des Konzerns aufzeigen.

---

[42] Vgl. *Knorr-Bremse AG*, Bookbuilding, 2018, o. S.
[43] Vgl. *Knorr-Bremse AG*, Aktionärsstruktur, 2021, o. S.
[44] Vgl. *Becker, H., Peppmeier, A.*, Börseneinführung, 2018, S. 172 ff.
[45] Vgl. ebd.
[46] Vgl. ebd.

Dies führte in der Öffentlichkeit und darüber hinaus in der Wirtschaftspresse dazu, dass der Konzern Knorr-Bremse diese Multiplikatoren für sich nutzen konnte.[47] Durch die Nominierung und anschließende Auszeichnung des Equity Capital Markets Award 2018 im Februar 2019, konnte ein kurzfristiger Kursanstieg der Aktie im Zeitraum Januar 2019 bis Mai 2019 beobachtet werden (siehe Abbildung 6). Ein noch nicht genanntes Motiv für einen Börsengang kann unter anderem auch der Wunsch nach Wachstum eines Unternehmens sein.[48] Durch den Börsengang der Knorr-Bremse in 2018 stellte der Konzern die richtigen Weichen für das weitere Wachstum des Konzerns. Neben der möglichen Finanzierung eines Konzernwachstums hebt sich auch die mögliche Mitarbeiterbeteiligung als positiver Nebeneffekt hervor. Die dadurch gesteigerte Attraktivität als Arbeitgeber sorgt für die Neugewinnung sowie Bindung hoch qualifizierter Mitarbeiter und Manager. An der Wertsteigerung des Konzerns können Manager als auch Mitarbeiter unmittelbar partizipieren.[49]

3.6 Analyse Kursentwicklung der Aktien

Seit dem 12. Oktober 2018 können Investoren über die Frankfurter Wertpapierbörse Aktien kaufen und verkaufen. Der Emissionspreis der Aktien lag bei 80,00€ und startete an der Börse bei 80,10€.[50] Bereits an den ersten Tagen legte der Wert der Aktie zu und fiel an nur wenigen Tagen unter den Emissionspreis. Alle Knorr-Bremse Investoren, welche langfristig Aktien des Konzerns gehalten haben, konnten im Hinblick auf die letzten drei Jahre sowohl Höhenflüge als auch Tiefflüge der Kurse miterleben (siehe Abbildung 6). Getrieben durch den Erhalt des oben genannten Awards, erfolgte im Februar 2019 der erste größere Kursanstieg. Das Jahr 2020 war stark durch die Corona-Pandemie geprägt, was sich an der Volatilität der Aktien erkennen lässt. Diese Volatilität stellte für viele Investoren ein hohes Risiko dar. Das dadurch bewertete Risiko führte dazu, dass der Kurs im März 2020 stark einbrach. Erholen konnte sich die Aktie erst im Sommer 2020 wieder und schloss trotz der Pandemie solide mit einem Wert von 111,08€ ab. Bezugnehmend auf die jährliche Performance der Aktien (siehe Tabelle 1), konnte der Aktienkurs bisher einen Tagestiefwert von 71,55€ im März 2020 überwinden und

---

[47] Vgl. *Rummer, M.*, Going Public, 2006, S. 50 ff.
[48] Vgl. *Becker, H., Peppmeier, A.*, Börseneinführung, 2018, S. 172 ff.
[49] Vgl. ebd.
[50] Vgl. *Knorr-Bremse AG*, Aktienkursentwicklung, o. J., o. S.

erreichte im Januar 2021 einen Tageshöchstwert von 117,12€.[51] Das unvorhersehbare Ableben von *Heinz Hermann Thiele*[52] ging auch am Aktienkurs des Konzerns nicht vorbei. Dieser brach zuvor im Januar 2021 geringfügig, anschließend im Februar 2021 erheblich ein. Sichtbare Verkaufssignale lassen sich im Juli 2019, März 2020 und Oktober 2020 anhand der Kursentwicklung ableiten, da der MA20 den MA100 unterschritt, wohingegen im Dezember 2019 und Mai 2020 sichtbare Kaufsignale abzuleiten sind. Eine Aufwärtstrendlinie ließ sich bei der Knorr-Bremse Aktie im Mai 2020 identifizieren. Dem gegenübergestellt lässt sich seit Juli 2021 ein Abwärtstrend identifizieren. Viele Analysten unterschiedlicher Institutionen empfehlen seit einiger Zeit Kaufen/Halten und prognostizieren ein Kursziel von durchschnittlich 100€.[53]

Abbildung 6: Aktienkursentwicklung der Knorr-Bremse

Quelle: Eigene Darstellung

Tabelle 1: Jährliche Performance des Aktienkurs

	Jahresbeginn	Differenz	Jahresende	Tageshoch	Differenz	Tagestief
Jahr 2018	80,10 €	-1,84 €	78,26 €	86,00 €	11,85 €	74,15 €
Jahr 2019	78,13 €	13,22 €	91,35 €	102,90 €	25,01 €	77,89 €
Jahr 2020	90,63 €	20,45 €	111,08 €	111,08 €	39,53 €	71,55 €
Jahr 2021	111,36 €	-24,24 €	87,12 €	117,12 €	31,78 €	85,34 €
Jahr 2022	86,68 €	-7,12 €	79,56 €	92,16 €	12,66 €	79,50 €

Quelle: Eigene Darstellung

---

[51] Vgl. *Knorr-Bremse AG*, Aktienkursentwicklung, o. J, o. S.
[52] Sterbedatum: 23. Februar 2021
[53] Vgl. *Knorr-Bremse AG*, Analysten, o. J, o. S.

3.7 Analyse Investor Relations der Knorr-Bremse

Um über den Börsengang hinaus erfolgreich zu agieren, ist es erforderlich eine kontinuierliche, glaubwürdige und vertrauensbildende Kommunikation zu pflegen.[54] Diese Aufgabe wird oft unterschätzt und führt dazu, dass Unternehmen nach dem euphorischen Börsengang auf den Boden der Realität zurückgeholt werden. Nachdem ein Unternehmen erfolgreich an der Börse notiert wurde, muss das Management weiterhin dafür sorgen das große Interesse von Investoren, Journalisten und Analysten aufrecht zu erhalten.[55] Zukünftige Herausforderungen der Einflussfaktoren auf den Aktienkurs müssen umfassend identifiziert werden, um das Investment für Investoren langfristig attraktiv zu gestalten.[56] Der Konzern Knorr-Bremse hält hierfür ein Ressort für Investor Relations. Hierdurch wird durchgängig, zeitnah und umfassend der Informations-austausch zu Investoren und Analysten gewährleistet. Die hier bereitgestellte Webseite ist für jede Person jederzeit erreichbar. Ziele der Investor Relations sind strategisch die Unternehmenswerte und die Strategien des Unternehmens bei Analysten und Investoren realistisch und objektiv darzustellen.[57] Der Konzern Knorr-Bremse signalisiert durch Kontinuität, Souveränität und Leidenschaft in Verbindung mit unternehmerischem Denken, den Konzern vorantreiben zu wollen und sich nicht selbst auszubremsen.

3.8 Kurzfristige Investition in Knorr-Bremse

Als kurzfristige Investition wurden am 30. September 2021 Aktien zu einem Kurs von 93,00€ ohne Analyse des Unternehmens oder Betrachtung der Kennzahlen über die App eToro gekauft. Kurz vor Abgabe dieser Hausarbeit wurden die Aktien abschließend zu einem Kurs von 80,00€ abgestoßen. Daraus ableitend ergibt sich ein Verlust von 13,00€ pro Aktie bzw. einer Veränderung von -14%. Das Tageshoch betrug in diesem kurzen Zeitraum 95,72€ und das Tagestief betrug 79,50€.[58] Die Volatilität der Aktie innerhalb dieser kurzen Zeit verdeutlicht, dass sich ein Investor intensiv mit dem zu investierenden Unternehmen, den aktuellen Markttrends, den mit der Investition verbundenen Risiken und der Entwicklungen der Welt auseinandersetzen muss.

---

[54] Vgl. *Kirchhoff, K., Piwinger, M.*, Investor Relations, 2009, S. 238 ff.
[55] Vgl. ebd.
[56] Vgl. *Hoppe, C.*, Börsenplätze, 2021, S. 719 ff.
[57] Vgl. *Kirchhoff, K., Piwinger, M.*, Investor Relations, 2009, S. 238 ff.
[58] Vgl. *Knorr-Bremse AG*, Aktienkursentwicklung, o. J., o. S.

4 Zusammenfassung und Fazit

In der vorliegenden Hausarbeit wurden die Grundlagen von Börsengängen, deren Möglichkeiten zur Preisfestsetzung sowie die Börsenmarktstruktur erläutert. Ein maßgebliches Ziel dieser Arbeit war es den Börsengang des Konzerns Knorr-Bremse zu analysieren. Im Hinblick auf die analysierten Motive des Unternehmens, wurde der Börsengang im Oktober 2018 schlussendlich nicht aufgrund einer Kapitalerhöhung zur Erhaltung liquider Mittel durchgeführt. *Heinz Hermann Thiele* hat den Konzern seit 1985 sukzessive weiterentwickelt und mit dem Gang an die Börse für wichtige Zukunftsthemen positioniert. Hierdurch wurde eine unternehmerische und finanzielle Flexibilität geschaffen, welche die Kontinuität und die Stabilität des Konzerns absichert.[59] Der dadurch unternehmenswichtige Meilenstein, den Konzern als Weltmarktführer an der Börse zu platzieren, ist geglückt. Die darauf aufbauenden Visionen und Unternehmenswerte der Knorr-Bremse sollten langfristig den Aktienkurs zum Ansteigen anregen. Wird Knorr-Bremse seine nachhaltigen Strategien zur Weiterentwicklung verfolgen, wird der Konzern möglicherweise in den kommenden Jahren den Aufstieg in den bedeutendsten deutschen Aktienindex DAX gelingen. Eine mögliche feindliche Übernahme hat der Konzern nicht zu befürchten, da die aktuelle Aktionärsstruktur dies nicht zulässt.[60] Die vom Konzern aufgestellten Investor Relations informieren über unternehmensrelevante Finanzthemen und bieten jeder Person, sich selbstständig einen Überblick über den Konzern und die damit verbundenen Kennzahlen zu schaffen. Die dadurch bereitgestellte transparente Bezugsquelle der Investor Relations führt dazu, dass Investitionen in den Konzern jederzeit neu bewertet werden können. Auch diese Hausarbeit baut größtenteils auf den bereitgestellten Daten der Investor Relations auf. Der nächste wichtige Termin für das Unternehmen und die Aktionäre ist der 31.März 2022. Hier wird der Konzern seine Finanzergebnisse für das Geschäftsjahr 2021 offenlegen. Dieser Geschäftsbericht wird unter anderem für das Jahr 2022 als auch für den Aktienkurs die entscheidenden Weichen stellen.[61]

---

[59] Vgl. *Knorr-Bremse AG*, Start Frankfurter Wertpapierbörse, 2018, o. S.
[60] Vgl. *Knorr-Bremse AG*, Aktionärsstruktur, 2021, o. S.
[61] Vgl. *Knorr-Bremse AG*, Finanzkalender, o. J., o. S.

Offen bleibt, ob alle Entscheidungsprozesse der mitgewirkten Akteure bis zum Börsengang zum Wohl des Konzerns oder zum Wohl von *Heinz Hermann Thiele* getroffen wurden. Hier könnte eine Nachforschung bezugnehmend auf das Konzept des Behavioral Finance weitere Aufschlüsse geben. Die dadurch resultierenden Ergebnisse könnten den Kurs der Aktien des Konzerns beeinflussen, da dies tiefe Einblicke in die Entscheidungsprozesse ermöglicht. Der Börsengang ist für viele Unternehmen eines der langfristigen Ziele und umgangssprachliche die sogenannte Champions League. Tagtäglich gehen Unternehmen in Folge finanzieller Fehlentscheidungen insolvent. Die damit verbunden Konsequenzen sind vielen Unternehmern nicht bekannt. Ursprung dieser finanziellen Fehlentscheidungen sind häufig Fehleinschätzungen, Fehlinformation und Fehlinterpretation.

Die Hausarbeit schließt mit einem Zitat von *Warren Buffet* ab, dessen Zitate oftmals in wenigen Worten verpackt, Wissen über Investitionsentscheidungen, dem menschlichen Handeln und dem Streben nach Glück enthalten. Bezugnehmend auf das menschliche Handeln, sagte er einmal: „It takes 20 years to build a reputation and five minutes to ruin it. If you think about that, you'll do things differently."[62]

---

[62] *Buffet, W.*, Investition, o. J., o. S.

5 Literaturverzeichnis

Becker, Hans, Paul, Peppmeier, Arno (Börseneinführung, 2018): Investition und Finanzierung: Grundlagen der betrieblichen Finanzwirtschaft, 8. Aufl., Wiesbaden: Springer, 2018

Grundmann, Wolfgang, Rathner, Rudolf (Börsensegmente, 2021): Bankwirtschaft, Rechnungswesen und Steuerung, Wirtschafts- und Sozialkunde: Prüfungswesen in Übersichten, 9. Aufl., Wiesbaden: Springer, 2021

Hoppe, Christian (Börsenplätze, 2021): Praxishandbuch Finanzierung von Innovationen: Von der Idee bis zum Exit, 1. Aufl., Wiesbaden: Springer, 2021

Jischa, Michael F. (Herausforderung Zukunft, 2013): Herausforderung Zukunft: Technischer Fortschritt und Globalisierung, 2. Aufl., Berlin Heidelberg: Springer, 2013

Kirchhoff, Klaus, Rainer, Piwinger, Manfred (Investor Relations, 2009): Praxishandbuch Investor Relations: Das Standardwerk der Finanzkommunikation, 2. Aufl., Wiesbaden: Gabler, 2009

Rummer, Marco (Going Public, 2006): Going Public in Deutschland: Eine empirische Analyse von Börsengängen auf Grundlage der Behavioral Finance, 1. Aufl., Wiesbaden: Deutscher Universitätsverlag, 2006

Schuster, Thomas, Uskova, Margarita (Börsengang, 2015): Finanzierung: Anleihen, Aktien, Optionen, 1. Aufl., Berlin Heidelberg: Springer, 2015

Internetquellen

Buffet, Warren (Investition, o. J.): Warren Buffet Zitat, <https://www.brainyquote.com/quotes/warren_buffett_108887> (keine Datumsangabe) [Zugriff 2022-02-24]

Cbonds (S&P Rating A, 2021): S&P Global Ratings affirms Knorr-Bremse at "A", <https://cbonds.com/news/1391353/> (2021-06-14) [Zugriff 2022-02-18]

Deutsche Börse AG (Fact Sheet Marktstruktur, 2019): General Standard für Aktien, Prime Standard für Aktien, Scale für Aktien, <https://www.deutsche-boerse-cash-market.com/resource/blob/1506538/c930a25bfaaddb7a33de3182ac69f0c5/data/Factsheet-Segment-bersicht-EU-regulierter-Markt-f-r-Aktien.pdf> (2019-12-12) [Zugriff 2022-02-18]

IG Analyst (Knorr-Bremse Börsengang, 2019): Knorr-Bremse Börsengang: Alles, was Sie wissen sollten, <https://www.ig.com/de/trading-strategien/knorr-bremse-boersengang--alles--was-sie-wissen-sollten-190124> (2021-01-19) [Zugriff 2022-02-18]

Knorr-Bremse AG (Bookbuilding, 2018): Mitteilung nach § 8 Abs. 1 Satz 6 Wertpapierprospektgesetz, <https://ir.knorr-bremse.com/websites/knorrbremse_ir/German/9999/pdf-download.html?filename=Bekanntmachung_gemaess_8_Absatz_1_Satz_6_WpPG.pdf&lg=de> (2018-10-10) [Zugriff 2022-02-18]

Knorr-Bremse AG (Start Frankfurter Wertpapierbörse, 2018): Knorr-Bremse AG startet erfolgreich an der Frankfurter Wertpapierbörse, <https://ir.knorr-bremse.com/websites/knorrbremse_ir/German/9999/pdf-download.html?filename=Knorr-Bremse_AG_startet_erfolgreich_an_der_Frankfurter_Wertpapierboerse.pdf&lg=de> (2018-10-12) [Zugriff 2022-02-18]

Knorr-Bremse AG (Aktionärsstruktur, 2021): Aktionärsstruktur der Knorr-Bremse AG, <https://ir.knorr-bremse.com/websites/Knorrbremse_ir/German/4200/aktionaersstruktur.html> (2021-06-31) [Zugriff 2022-02-18]

Knorr-Bremse AG (Unternehmenswerte, o. J.): Unsere Unternehmenswerte. Mit Werten wachsen, <https://www.knorr-bremse.com/de/unternehmen/knorr-bremse-kultur/unternehmenswerte/> (keine Datumsangabe) [Zugriff 2022-02-21]

Knorr-Bremse AG (Analysten, o. J.): Analysten, <https://ir.knorr-bremse.com/websites/knorrbremse_ir/German/4500/analysten.html> (keine Datumsangabe) [Zugriff 2022-02-27]

Knorr-Bremse AG (Finanzkalender, o. J.): Knorr-Bremse Finanzkalender, <https://ir.knorr-bremse.com/websites/Knorrbremse_ir/German/9000/finanzkalender.html> (keine Datumsangabe) [Zugriff 2022-02-27]

Knorr-Bremse AG (Aktienkursentwicklung, o. J.): Knorr-Bremse Aktie. Kurzentwicklung und Basisdaten, <https://ir.knorr-bremse.com/websites/knorrbremse_ir/German/4100/basisdaten-und-aktienkursentwicklung.html> (keine Datumsangabe) [Zugriff 2022-02-18]

Moody's Investors Service (Moody's Rating A2, 2021): Rating Action: Moody's changes outlook for Knorr-Bremse to stable from negative; affirms A2 rating, <https://www.moodys.com/research/Moodys-changes-outlook-for-Knorr-Bremse-to-stable-from-negative--PR_458171> (2021-11-16) [Zugriff 2022-02-18]

Lightning Source UK Ltd.
Milton Keynes UK
UKHW010652090223
416681UK00007B/1966